AF227756

PROJET

DE

...ORME ÉLECTORALE ET PARLEMENTAIRE.

PROJET

DE

RÉFORME ÉLECTORALE

ET

PARLEMENTAIRE

PAR

Urbain FEYTAUD,

RÉDACTEUR EN CHEF DU *COURRIER DU NORD*.

VALENCIENNES.

Imprimerie et lithographie de B. HENRY, marché au Poisson.

1848.

AVANT-PROPOS.

———

Conçu quelque tems avant l'assemblée des journalistes qui eut lieu à Paris en décembre 1845, et sommairement indiqué dans une commission de cette assemblée, le *Projet de Réforme électorale et parlementaire* que nous soumettons aujourd'hui à l'examen des hommes politiques n'a été publié et développé dans le *Courrier du Nord* qu'en décembre 1847. Deux années nous ont paru nécessaires, non pour le mûrir, mais pour en étudier l'opportunité d'application. Il y a deux ans, l'opposition tout entière croyait encore qu'en ne cherchant pas à refondre complètement la loi actuelle, en se contentant de l'adjonction de quelques capacités, du vote au chef-lieu, et d'un abaissement du cens, elle parviendrait plus facilement à entraîner la fraction la moins rétrograde du parti conservateur, et à constituer ainsi une majorité réformiste. L'événement a prouvé combien cette espérance était peu fondée. Loin d'arriver jusqu'où l'opposition espérait la conduire, la majorité conservatrice s'est raidie obstinément contre toute innovation, et s'est bravement déclarée *satisfaite*, non seulement d'institutions imparfaites, mais encore d'institutions faussées et perverties. Evidemment, il n'y avait aucune transaction possible avec un tel adversaire, et les concessions faites à ses prétendus scrupules ne faisaient que constater plus clairement son mauvais vouloir et l'impuissance de la gauche. L'opposition l'a compris enfin; elle a noblement relevé la tête, et dans les banquets réformistes, elle s'est montrée devant le parti ministériel ce qu'elle devait être : non plus un conseiller, mais un accusateur; non plus un solliciteur timide, mais un juge imposant et sévère. Appuyée sur la fraction la plus intelligente du pays, applaudie par le pays tout entier, elle a hautement demandé, non plus des réformes hésitantes et d'une efficacité douteuse, mais la réalisation des promesses de juillet, le développement complet des institutions fondées en 1830.

Ce que l'opposition veut, nous le voulons; ce que les réformistes sages et pacifiques attendent, nous

croyons l'avoir trouvé, ou du moins en avoir décou-
vert le germe. Le tems est donc venu pour nous de
parler, et de déposer notre pensée dans la conscience
des hommes libéraux. Puisse-t-elle y trouver aide et
sympathie, et revêtir un jour, grâce à cet heureux
appui, l'autorité et la puissance qui lui manquent.

PROJET

DE

RÉFORME ÉLECTORALE

ET

PARLEMENTAIRE.

---

§ Ier.

RÉFLEXIONS PRÉLIMINAIRES.

L'agitation réformiste qui parcourt en ce moment la France a naturellement ramené les idées sur les modifications à apporter à la loi électorale. Son but, il est vrai, ne va pas si loin, et en adoptant pour programme une formule vague et indécise, une profession de foi qui critique parfaitement, mais ne conclut à rien, elle a eu évidemment et avant tout en vue d'amener toutes les fractions de l'opposition sur un terrain où elles puissent, non pas formuler un système électoral nouveau, mais combattre un gouvernement qui est l'ennemi naturel et intéressé de tout nouveau système.

Sans doute, l'opposition, ainsi unie, peut produire immédiatement un grand bien ; elle peut ramener le gouvernement aux principes de la révolution de Juillet; elle peut, en éclairant l'opinion publique, en appelant le corps électoral actuel à modifier la majorité de la chambre, en changeant enfin les hommes du pouvoir, ouvrir la voie large aux réformes, et préparer les esprits les plus rétifs à les étudier, à les comprendre, à les accepter enfin comme un bienfait lorsqu'elles se présenteront plus tard d'une manière progressive et pacifique.

Pendant cette préparation, quelques améliorations pourront avoir lieu sans doute : on établira des catégories de capacités, on éliminera quelques fonctionnaires de la chambre, on centralisera davantage peut-être le vote électoral; toutes choses fort bonnes pour le présent, et que nous appuierons de tous nos vœux comme des jalons placés pour l'avenir. Mais est-ce là une réforme sérieuse et suffisante, et peut-on espérer que les partis, momentanément réunis, s'inclineront tous devant ce progrès et renonceront à leurs prétentions respectives ? — Personne ne le pense.

Il arrivera donc nécessairement un moment, et ce moment n'est pas, selon nous, bien éloigné, où il faudra marcher plus avant, et se séparer violemment peut-être, faute de s'être entendu, de s'être fait des concessions mutuelles.

Ce résultat prévu, il nous a semblé que le devoir de tout bon citoyen était d'aviser au moyen de rendre plus durable, de perpétuer même, si cela est possible, l'union qui vient de se former entre les hommes généreux au nom de la réforme. Pour cela, il s'agit d'éclairer les questions d'avenir, de rapprocher les élémens qui servent de bases aux diverses nuances de l'opposition ; d'en former un tout uni, régulier, logique, en rétrécissant un peu les uns, en élargissant un peu les autres; de choisir enfin un formule de transition, qui satisfasse largement la loi du progrès, sans trop blesser ceux qui tiennent aux principes établis, sans ôter, pour un avenir plus éloigné, aux idées avancées, l'espérance d'un plus complet triomphe.

Et d'abord, pour faire bien comprendre que nous ne faisons pas en ce moment une œuvre de parti, posons-nous sur le seul terrain où il nous soit possible d'être compris et jugé sans prévention.

Nous n'écrivons pas pour les hommes à système exclusif : ceux-là ne peuvent pas plus nous comprendre qu'ils ne comprendraient toute autre théorie de réforme, nous ne disons pas étrangère, mais seulement différant sur quelques points de leurs propres idées.

Les hommes qui ont posé leurs colonnes d'Hercule sur un abaissement insignifiant du cens, sur une adjonction de quelques capacités problématiques ne nous comprendront certainement pas.

Les hommes qui font du suffrage universel absolu, non pas seulement la règle de l'avenir, mais aussi la règle du présent, ne nous comprendront pas davantage.

Les hommes qui spéculent sur les mouvemens populaires, qui appellent une réforme radicale pour une révolution, et non une révolution pour une réforme, qui repoussent de prime abord et sans examen, non seulement tout ce qui admet d'autres principes que ceux du droit naturel strict, mais encore tout ce qui adopte une allure lentement progressive et pacifique ; ceux-là non seulement ne nous comprendront pas, mais ne voudront pas nous entendre.

Heureusement les hommes à système exclusif, les hommes surtout qui mettent leurs passions à la place de leur conscience, sont moins nombreux qu'on ne pense ; ils apparaissent souvent, ils sont en évidence, parce que l'amour propre, l'ambition ou l'exagération travaillent incessamment à se produire et y parviennent malheureusement trop facilement. Mais enlevez à l'opinion publique cette surface menteuse qui la couvre et la dérobe parfois à vos regards, et vous trouverez tout aussitôt les couches raisonnables, impartiales, qui jugent sans prévention, parce qu'elles n'ont jamais songé à mettre une doctrine ou une personnalité en avant, parce qu'elles veulent un peu froidement, un peu négligemment peut-être, mais sérieusement du moins, le triomphe pacifique et progressif du droit et de la raison.

C'est à cette majorité imposante de l'opinion publique que nous nous adressons aujourd'hui, c'est à son examen consciencieux et réfléchi que nous livrons notre projet de réforme électorale et parlementaire.

—◆—

§ II.

EXAMEN SOMMAIRE DES PRINCIPAUX SYSTÈMES DE RÉFORME ÉLECTORALE.

Ces conditions premières posées, et certain d'avance sinon de l'approbation, du moins de la bienveillance de nos lecteurs, nous allons, après un examen rapide des systèmes de réforme électorale qui se sont déjà produits, développer celui que nous voudrions leur substituer.

Nous ne nous arrêterons pas à refaire longuement le procès de la loi électorale de 1831. Ce procès est jugé (1). L'expérience, bien plus encore que le raisonnement, a démontré que cette loi ne satisfait réellement aucun des élémens sur lesquels elle semble basée. Elle était fille d'une révolution qui avait voulu préparer l'avènement de la démocratie, l'émancipation de la capacité réelle, inaugurer enfin sérieusement le gouvernement représentatif par le pays : non seulement elle n'a donné satisfaction ni à la démocratie, ni à l'intelligence, mais encore elle a été inégale, arbitraire et injuste pour le seul principe qu'elle ait paru favoriser, pour la richesse.

Le droit naturel de tous, et à côté de lui les droits sociaux de la capacité et de la propriété, tels sont les trois principes qui, combinés et également respectés, doivent contribuer à former la représentation natio-

---

(1) Ceux de nos lecteurs qui désireraient encore s'édifier complètement sur les absurdités sans nombre qui composent presque en entier cette loi bâclée, peuvent consulter la remarquable brochure de M. Charles Lesseps, intitulée : *Appel au bon sens sur la loi d'élection.* Jamais critique n'a été plus claire, plus complète, plus rigoureusement irréfutable. C'est au livre de M. Lesseps que nous devons en grande partie l'idée de notre système, car en nous faisant toucher du doigt le mal, il nous a pour ainsi dire révélé le remède. M. Lesseps a du reste formulé ailleurs lui-même un système électoral qui se rapproche beaucoup du nôtre quand au mécanisme, mais qui en diffère essentiellement dans l'application des principes.

nale ; car la représentation nationale ne peut être que l'expression des principales forces de la nation, et les forces de la nation sont également dans le nombre qui travaille, dans l'intelligence qui dirige, et dans la richesse qui paie.

Mais si la loi électorale actuelle a méconnu les deux premiers de ces élémens, et adopté le troisième sans règle et sans mesure équitable, les théories qu'on veut leur substituer sont loin d'être justes envers eux et de rétablir l'équilibre.

Nous ne méconnaissons pas le bien que pourra immédiatement produire, pour la moralisation du pouvoir et de la représentation nationale, une réforme admettant certaines catégories de capacités et la seconde liste du jury ; nous croyons aussi à l'efficacité, comme palliatif puissant, de l'abaissement du cens, et de toutes les améliorations contenues dans le programme de 1837 ; mais quand ces améliorations seront obtenues, nous aurons élargi le cercle électoral sans doute, nous aurons rendu l'accès plus difficile à la corruption, mais nous n'aurons pas consacré le droit de tous, mais nous aurons délaissé bien des capacités réelles, mais nous aurons conservé à la richesse un privilége inégal, qui donne aux censitaires les moins nombreux, les moins imposés, la plus grande somme de puissance électorale ; qui fait que le département de la Corse, par exemple, avec trois cent trente - cinq électeurs, nomme *deux députés*, tandis que l'arrondissement de Valenciennes n'en nomme qu'*un seul* avec neuf cent cinquante huit électeurs. (2)

____

(2) Ces deux termes de comparaison ne sont pas, il s'en

Nous n'aurons pas enfin résolu ce problême important, sans lequel il n'y a pas d'union durable : rallier tous les réformistes de bonne foi, les partisans du suffrage universel comme les partisans du cens et de la capacité, à une formule de réforme qui permette à leurs doctrines diverses, sinon de se développer complètement, du moins de s'essayer et de se produire.

Les changemens que l'opposition libérale a déjà voulu faire subir à la loi de 1831 ne peuvent guérir radicalement les vices de cette loi, parce qu'ils en laissent subsister les principales bases ; or, ce sont ces bases surtout qui sont vicieuses et qu'il faudra tôt ou tard changer.

Des modifications plus ou moins larges proposées par la gauche, nous arrivons d'un seul bond aux théories radicales de la droite ou de l'extrême-gauche. Entre l'adjonction des capacités et la réduction du cens d'un côté, et le suffrage universel de l'autre, il n'y a pas de formule de conciliation, de point intermédiaire. C'est toujours au fond, comme avec le système actuel, une guerre-déclarée entre la richesse qui possède par privilége, et la nation tout entière qui réclame son droit naturel.

Nous ne faisons pas, d'un autre côté, de différence, quand au principe, entre les doctrines diverses des

---

faut, les points extrêmes. Aux deux bouts de cet absurde système électoral on trouve, d'un côté, le deuxième arrondissement de Paris nommant *un seul député* pour 2,873 électeurs ; de l'autre, l'arrondissement de Loudeac nommant aussi *un député* avec 144 électeurs.

radicaux. Tous veulent la souveraineté du peuple, exercée directement et sans délégation, selon les uns, exercée par délégation et à deux degrés, selon les autres.

Avec ces deux théories du suffrage universel, que satisfait-on ? — Le droit de tous à un égal degré, c'est vrai ; mais un droit aveugle et absolu, accordé sans garantie, sans discernement ; la confusion dans un même pouvoir du prolétaire qui n'a rien à perdre, tout à acquérir, et du propriétaire qui a tout à conserver ; de l'ignorant qui agit sans conscience réelle de sa tâche, et de l'homme capable qui pèse et mesure ses actes. Pour tous, mêmes droits, même puissance, et pourtant pour tous il n'y a évidemment pas encore aujourd'hui mêmes intérêts, mêmes besoins, même intelligence des devoirs politiques.

La théorie du suffrage universel absolu, sans garantie laissée aux droits acquis et sociaux contre les droits naturels et primordiaux, ouvre presque inévitablement la porte au communisme, à un communisme éphémère sans doute, mais qui n'en bouleverserait pas moins violemment notre ordre social, sans donner aucune garantie pour un ordre social meilleur. Proclamer aujourd'hui le suffrage universel absolu, c'est peut-être de la justice naturelle ; mais à coup sûr ce n'est ni de la justice ni de la prudence sociales.

Méconnaissons-nous, en émettant ces craintes, le principe sacré de la souveraineté nationale ? — Pas le moins du monde. Nous voulons le consacrer au contraire ; mais nous voulons, en le consacrant, lui poser des règles qui, en lui permettant de se développer dans l'avenir, en fassent un élément d'ordre et de liberté, et non un élément de bouleversement et d'anarchie.

§ III.

EXPOSITION DU SYSTÈME.

Avant d'entrer dans le développement de notre système électoral, nous devons reproduire, comme épigraphe justificative, une opinion émise par la commission chargée de la préparation de la loi de 1831.

« Votre commission, disait M. Bérenger dans son
« rapport, eût voulu, n'en doutez pas, qu'il fût pos-
« sible d'appeler à l'exercice des droits politiques tous
« les enfans de la grande famille, car tous sont plus
« ou moins intéressés au gouvernement de l'état, au
« vote de l'impôt, aux mesures législatives qui gênent
« ou favorisent la liberté des personnes ou celle du
« commerce et de l'industrie. *Tous ont reçu de la*
« *nature des droits qu'il serait aussi injuste que peu*
« *sensé de méconnaître.* »
Et plus loin :
« La commission sait que l'avenir de notre belle
« patrie dépend de la loi que nous allons faire. Si une
« division s'est manifestée parmi ses membres, c'est
« que les uns ont cru qu'il était possible de faire *im-*
« *médiatement*, ce que les autres ont jugé plus pru-

« dent de n'opérer que *graduellement* et après l'expé-
« rience d'un *premier essai.* »

Ainsi, non seulement le principe de la souveraineté nationale était solennellement reconnu par les auteurs de la loi de 1831, mais encore ils promettaient de le consacrer dans l'avenir par la pratique ; la loi alors proposée n'était qu'un simple *essai* qui devait nous conduire graduellement, et par des améliorations de plus en plus libérales, à l'exercice le plus large possible du droit commun.

C'est sur ces promesses, appuyées depuis longtems par l'expérience et par la logique des faits accomplis, que nous avons fondé notre projet de réforme électorale.

Ce qui a nui, selon nous, aux diverses théories produites jusqu'à ce jour, c'est que leurs auteurs ont été uniquement et constamment préoccupés par ce seul principe, le *droit de tous* ; et que les uns, tout en le reconnaissant, l'ont repoussé complètement comme dangereux, tandis que les autres l'ont accepté complètement aussi comme juste et nécessaire.

Mais à côté de ce *droit de tous* établi par la nature, n'y a-t-il pas aussi le *droit d'une partie* fondé par la société ? Si nous revenions aux tems primitifs, s'il n'y avait pas de société organisée, nous comprendrions parfaitement qu'on invoquât exclusivement le droit naturel ; mais avec un ordre social qui, pour exister, a besoin de règles et de lois, qui repousse nécessairement l'égalité absolue, les droits politiques naturels peuvent, sans être méconnus, se soumettre à des règles qui les restreignent, pour donner place aux droits non moins nécessaires, non moins justes, créés par la société.

Si l'on admet avec nous (et cela ne nous semble pas niable) qu'aucune société ne peut se former sans détruire tout aussitôt l'égalité de rang, de fortune, établie par le droit naturel; si l'on nous concède qu'entre deux hommes parfaitement égaux par la naissance et la fortune, il peut y avoir une inégalité provoquée par la différence des éducations, des intelligences, inégalité qui donne une supériorité naturelle au plus capable, il faudra bien reconnaître que la capacité comme la fortune ne sont pas des priviléges injustes et sans base légitime; mais bien des droits réels établis par la nature ou consacrés par les besoins de la société.

A côté, sinon au-dessus, du *droit naturel*, il y a donc le *droit de la propriété* et le *droit de l'intelligence*. Or, si avant qu'une meilleure organisation sociale n'ait mieux nivelé les fortunes en relevant le travailleur; si avant que l'éducation, en se répandant dans les masses, n'ait aussi nivelé autant que possible les intelligences, vous voulez proclamer le droit exclusif et absolu du nombre, vous consacrez en réalité une inégalité monstrueuse, vous livrez sans protection à la force brutale et ignorante les deux principales garanties de tout ordre social, la richesse et l'intelligence.

De cette situation naît, selon nous, la nécessité impérieuse de garantir solidement les droits de la propriété et de l'intelligence, avant même de garantir ceux du nombre, et cela jusqu'à ce que le nombre, par une transformation sociale, lente sans doute, mais très possible, ait acquis à son tour l'intelligence et la propriété, en s'appropriant et en absorbant les deux élémens sociaux qui partagent aujourd'hui avec lui (1).

Nous fondons donc notre système électoral sur trois élémens également respectables : le PEUPLE, c'est-à-dire *le nombre* et *le travail* ; la CAPACITÉ, c'est-à-dire *l'instruction, l'intelligence* ; la RICHESSE, c'est-à-dire la *propriété légitime* du sol ou de l'industrie.

De ces trois élémens, le dernier, la richesse, est aujourd'hui exclusivement privilégié par la loi ; le second, la capacité, est appuyé avec grandes chances de succès par l'opposition libérale ; le premier, le droit du peuple, est reconnu par tous, mais spécialement réclamé par l'opposition radicale.

Il y a donc double nécessité de les satisfaire tous trois autant que possible, d'abord parce qu'ils sont tous les trois justes et légitimes ; ensuite parce que la satisfaction donnée à chacun d'eux doit cimenter le lien qui unit aujourd'hui les défenseurs sincères de nos libertés.

§ IV.

LA RICHESSE OU LE CENS.

Le droit de la propriété à l'électorat est consacré par la loi actuelle, et sa légitimité est tellement recon-

---

(1) Nous ne prétendons pas dire pour cela qu'un jour viendra où tous les Français seront bacheliers ès-lettres et

nue par le plus grand nombre, qu'à part les partisans du suffrage universel immédiat, personne ne parle de le supprimer. On veut au contraire lui donner une plus grande extension par l'abaissement du cens, et privilégier ainsi une plus grande quantité de citoyens.

Nous dirons tout à l'heure ce que ce système d'abaissement du cens a de peu rationnel ; mais avant de critiquer les fausses applications, attachons-nous d'abord à justifier le principe.

Nous avons dit que notre ordre social, en consacrant forcément l'inégalité des fortunes et en protégeant la propriété, avait par cela même accordé à celle-ci non-seulement un privilège matériel, mais encore un privilège politique. Le propriétaire du sol, le chef d'industrie, ne sont pas seulement intéressés à la marche du gouvernement, au choix des représentans, à la confection des lois, comme membres de la grande famille française ; ils le sont encore et à un plus haut degré comme détenteurs de la fortune et de l'industrie générales ; ils le sont comme tuteurs obligés des masses mineures ou déshéritées. Celui qui possède, possède sans doute d'abord pour lui, mais il possède

---

paieront 200 fr. d'impôts ; mais nous croyons qu'avec une meilleure organisation sociale et un plus complet développement de l'instruction, les Français seront en grande majorité à la fois assez instruits et assez attachés par intérêt direct au sol et à l'industrie, pour qu'il ne soit plus nécessaire d'établir, dans les droits politiques, les distinctions du nombre, de l'intelligence et de la propriété. Alors, mais seulement alors, le suffrage universel absolu pourra être pratiqué utilement et sans danger.

aussi pour le laboureur, pour l'ouvrier, qu'il emploie, qu'il dirige, qu'il fait vivre : cette double attribution, en augmentant sa responsabilité et ses devoirs, augmente aussi ses droits à la souveraineté. Plus que tout autre il a besoin de retenir le pouvoir dans ses écarts, d'arrêter l'accroissement de l'impôt, de veiller au maintien de l'ordre, à la défense de l'agriculture et de l'industrie. Ce n'est donc pas trop de lui donner, par privilège et dans une certaine limite, le droit à l'électorat.

Mais ce droit doit avoir des bornes et ne peut être surtout exclusivement exercé, comme aujourd'hui, au détriment absolu des deux autres principes constitutifs de la société : le travail représenté par le peuple, le talent représenté par la capacité constatée.

Le plus grand vice de la loi électorale actuelle n'est donc pas de consacrer le droit de la propriété, mais de le consacrer d'une manière exclusive et absolue. Les projets de réforme qui demandent l'abaissement du cens sont-ils plus raisonnables en principe ? Nous ne le pensons pas. En augmentant le nombre des privilégiés, ils élargissent, il est vrai, le cercle électoral, rendent la corruption plus difficile et donnent plus de moralité et de dignité au gouvernement représentatif. Mais ils élargissent en même tems le privilége de la fortune et méconnaissent le droit naturel des masses. Enfin, si généralisé, si étendu que soit le cens, ce sont toujours les riches, les propriétaires qui choisissent seuls la représentation nationale.

Augmentons donc le nombre des électeurs, cela est indispensable ; mais n'augmentons pas, autant que possible, le nombre des privilégiés ; laissons à la propriété la part de souveraineté qui lui appartient ; déterminons-en équitablement la proportion ; mais cette proportion donnée, laissons aux autres élémens constitutifs de la souveraineté nationale le soin de compléter le nombre d'électeurs nécessaire pour que la représentation du pays soit pure, grande et forte.

Sauf les modifications nécessitées par des proportions arithmétiques plus strictement calculées, nous admettons donc la richesse dans notre système électoral, telle qu'elle l'est aujourd'hui par la loi de 1831, et nous disons :

« Tout citoyen français payant 200 fr. au moins d'impôt, âgé de 25 ans et jouissant de ses droits civils, est électeur. »

§ V.

L'INTELLIGENCE OU L'INSTRUCTION.

Avons-nous besoin d'établir plus longuement les droits de l'intelligence à l'exercice de l'électorat, et ces droits ne sont-ils pas consacrés par le principe de raison et de justice qui veut que le pouvoir appartienne aux plus dignes, aux plus capables; qui exige par conséquent que le discernement et l'intelligence président au choix des plus dignes et des plus capables ? Placer sur une même ligne l'homme instruit et l'homme ignorant, leur donner à l'un et à l'autre la même somme de pouvoirs, n'est-ce pas non seulement méconnaître les règles de la prudence, mais aussi celles posées par la loi du progrès et de la perfectibilité humaine ; n'est-ce pas entraver le développement de l'instruction, en montrant au peuple qu'elle n'est pas nécessaire pour l'exercice du droit le plus grand, le plus grave, le plus précieux, celui de la souveraineté nationale?

Les esprits libéraux les plus modérés, les plus timides, demandent à grands cris aujourd'hui l'adjonction des capacités, et ils ont raison quant au fond ; seulement ils sont beaucoup moins logiques quant à l'application du principe.

Qu'est-ce qu'un homme capable en thèse générale ? C'est, à notre avis, celui qui porte le signe réel, sinon de l'intelligence, du moins de l'instruction. Cette définition est bien simple, bien naturelle, et pourtant elle a été presque toujours oubliée ou méconnue par ceux qui ont demandé l'adjonction des capacités. Loin de poser une règle fixe, ils ont établi des catégories ; ils ont accordé la capacité électorale à une foule de professions ou de fonctions diverses, aux médecins, aux avocats, aux académiciens, aux conseillers municipaux, aux officiers de la garde nationale, aux membres des conseils de prud'hommes, etc., etc.; laissant ainsi de côté des capacités réelles et admettant bien souvent des capacités douteuses.

Cette confusion avait, il est vrai, une cause qui n'existe pas avec notre système. L'élément populaire, le droit de tous, n'étant pas admis en pratique comme principe électoral, on essayait de lui donner une sorte de satisfaction en admettant comme capacités des fonctionnaires provenant d'élections semi-populaires. Ainsi, les conseillers municipaux, les officiers de la garde nationale , les membres des conseils de prud'hommes , étaient appelés à l'électorat bien moins comme capacités réelles, que comme représentant les électeurs ou gardes nationaux dont ils avaient obtenu la confiance.

Cette manière de procéder a son côté libéral et populaire, nous le reconnaissons; mais pourquoi donc prendre ainsi un chemin détourné pour arriver à reconnaître un droit légitime? Pourquoi ne pas consacrer ce droit régulièrement , ouvertement, et, au lieu de confondre deux principes distincts , pourquoi ne pas attribuer à la capacité ce qui appartient réellement à la capacité , et au peuple ce qui appartient réellement à l'élément populaire ?

C'est ce que nous avons essayé de faire dans notre système. Une fois nos trois principes de la richesse, de l'intelligence et du nombre bien classés, bien définis, nous avons donné à chacun ce qui lui appartenait, dans les limites que nous prescrivaient à la fois la justice et la prudence,

Ainsi , après avoir arrêté la représentation de la richesse au cens de 200 fr., nous arrêtons la représentation de la capacité au titre de bachelier ès-lettres , et nous disons :

« Tout citoyen français , âgé de 25 ans, jouissant de ses droits civils et muni du diplôme de bachelier ès-lettres est électeur. »

§ VI.

LE NOMBRE, LE TRAVAIL OU LE PEUPLE.

En admettant comme droits légitimes et nécessaires les privilèges accordés par la société à la propriété et à l'intelligence, nous avons par cela même reconnu l'impossibilité, pour le présent, du suffrage universel exercé sans partage par la nation tout entière.

Autant nous sommes partisan des principes démocratiques sagement et progressivement mis en harmonie avec l'éducation politique des masses, autant nous sommes l'adversaire de cette doctrine généreuse, mais irréfléchie, qui, sous prétexte d'équité et de droit, livrerait dès aujourd'hui les destinées du pays au jugement passionné de la multitude.

— Nos grandes assemblées législatives de la révolution ont été le résultat du suffrage universel, nous dira-t-on, et l'on ne peut nier qu'elles n'aient mis au grand jour beaucoup d'hommes de cœur et de nobles intelligences. —— Nous n'en disconvenons pas ; mais il faut reconnaître aussi que la France est aujourd'hui bien loin des idées et des mœurs de 1789. Alors tout était neuf pour la liberté, le peuple comme la bourgeoisie, le cœur comme l'intelligence, et cette virginité précieuse donnait un tel caractère de grandeur et de moralité aux actes politiques, qu'elle sanctifiait en quelque sorte même les excès les plus condamnables. Alors deux sentimens uniques animaient à la fois le peuple et ceux qui sollicitaient ses suffrages :

l'amour de la patrie et la haine du despotisme. L'un
et l'autre enfantèrent des millions de héros, mais,
hélas ! l'un et l'autre aussi enfantèrent de égorgeurs et
des bourreaux !

A côté de ces deux sentimens, qui envahissaient la
tête, l'âme et le cœur, il ne pouvait guère y avoir
place pour la cupidité et l'intrigue ; voilà pourquoi les
élections populaires de 89 et de 92 furent, à peu d'exceptions près, pures et libres.

Mais en serait-il ainsi de nos jours? Les intelligences sont-elles si rares, si cachées, si modestes, qu'il
faille la pression de tout un peuple pour les faire jail-
lir de la foule? Sont-elles si neuves, si complètement
désintéressées qu'elles ne puissent songer à se servir
de leur supériorité pour entraîner les suffrages? Le
peuple serait peut-être encore, comme en 89, un
enfant dévoué, généreux et juste, si on le laissait livré
à ses propres instincts ; mais les intelligences qui
peuvent le diriger sont-elles aussi pures, aussi vierges
qu'en 89, et n'ont-elles pas trop appris depuis cinquante années combien il est facile de séduire et de
tromper les masses?

—Nous avons dégénéré! s'écrient quelques admirateurs
sincères de notre première révolution. --- Mon Dieu
non, nous n'avons pas dégénéré; nous avons seulement appris à nous servir en bien comme en mal, plus
en mal qu'en bien peut-être, des instrumens de liberté que nous ont légué nos pères.

Laissons donc de côté l'exemple des essais de suffrage universel faits à une époque et avec des hommes
qui ne sont plus de notre tems, dans des circonstan-
ces qui ne peuvent plus se représenter ; faisons dès

lois pour le présent d'abord, pour l'avenir ensuite, mais gardons-nous d'en faire pour le passé.

Admettons du suffrage universel ce que peuvent en comporter aujourd'hui notre ordre social, notre éducation politique. Consacrons-le par la pratique ; mais laissons-lui, comme tuteurs et comme auxiliaires, les droits, ou, si l'on veut, les privilèges légitimes de l'intelligence et de la propriété.

Cette nécessité de limiter le droit naturel et de le mettre en harmonie avec les deux élémens qui doivent constituer avec lui le pouvoir électif, a dû nous faire choisir le suffrage à deux degrés comme seul moyen de faire participer dès aujourd'hui les masses à la vie politique. Le suffrage direct ne saurait s'accommoder du partage de la puissance ; il ne peut être que l'expression complète et exclusive de la souveraineté nationale ; un principe qui confond et absorbe tout dans le nombre : la capacité et l'ignorance, le riche et le pauvre.

Le suffrage à deux degrés, comme règle absolue, a été, il est vrai, l'objet de vives critiques, et quelques radicaux le repoussent comme n'impliquant pas ocmplettement l'exercice de la souveraineté, et parce qu'il laisse, selon eux, une porte ouverte à la corruption. — « La souveraineté nationale ne peut pas se déléguer, disent-ils ; et d'ailleurs la division des masses par assemblées communales facilite les influences de clocher, l'action fâcheuse du riche sur le pauvre, du château sur la chaumière. »

Notre but étant de formuler un système électoral, bien plus encore que de critiquer les systèmes qui lui sont contraires, nous n'entrerons pas ici dans l'examen détaillé des théories produites pour ou contre le suffrage universel. Que le vote direct soit l'expression plus réelle et plus vraie de la souveraineté de la nation, nous n'en disconvenons pas ; que le suffrage à deux degrés présente dans son ensemble de plus grandes facilités à l'intrigue, cela peut être ; mais comme le mécanisme même de notre système ne nous permettait pas de choisir, nous avons pris le suffrage à deux degrés, parce qu'il est le seul moyen de faire intervenir immédiatement le droit de tous comme principal élément du gouvernement représentatif.

Et d'ailleurs, ainsi que nous l'avons déjà signalé, le vote à deux degrés n'a-t-il pas été déjà accepté par les radicaux eux-mêmes, lorsque, formulant ou appuyant un système électoral de transition, ils ont admis à l'électorat, comme capacités, les conseillers municipaux, les officiers de la garde nationale et les membres des conseils de prudhommes ? N'est-ce pas là l'élection à deux degrés déguisée, et les gardes nationaux en nommant leurs officiers, les électeurs municipaux en nommant les conseillers, ne sauraient-ils pas qu'ils nomment en même tems et avant tout des électeurs de députés ?

Cet exemple doit suffire, ce nous semble, pour démontrer que, transitoirement au moins, l'exercice de la souveraineté peut se déléguer sans le moindre inconvénient.

Quant aux influences qui pourraient être exercées sur les assemblées primaires communales, en les supposant dangereuses dans un système général de suffrage universel, elles sont fort peu à craindre lorsque l'élément populaire sur lequel elles s'exercent rencontre, pour contrebalancer son action, deux autres élémens distincts, les électeurs par le cens et les électeurs par la capacité.

A ces deux élémens dont nous avons déjà réglé l'intervention, nous ajouterons donc celui qui est consacré par le droit naturel, et nous disons :

« Des assemblées ou sections d'assemblées commu« nales nommeront un électeur ou un délégué par
« cent âmes de la population totale de la commune.

« Pour faire partie de ces assemblées, il suffira de
« jouir de ses droits civils, d'être âgé de 25 ans, de
« savoir lire et écrire, et d'être inscrit depuis deux
« ans au moins sur les registres matricules de la garde
« nationale de la commune (1).

---

(1) Des objections seront faites à ces diverses conditions; on nous reprochera de méconnaître, même dans les étroites limites que nous avons posées, le droit naturel de tous les citoyens, en exigeant que les membres des assemblées communales sachent lire et écrire et qu'ils soient inscrits sur les registres de la garde nationale.

Ces restrictions apportées au droit nous ont été inspirées à la fois par la loi du progrès et par la dignité et la pureté de l'élection. Exiger aujourd'hui des citoyens admis à exercer leurs droits politiques qu'ils aient reçu les premiers élémens de l'instruction primaire, n'est-ce pas faciliter les progrès de l'instruction, et s'assurer en même tems que le choix des électeurs de députés sera fait avec liberté et discernement ? Exiger l'inscription sur les contrôles de la garde nationale, n'est-ce pas exiger en même tems que cette institution, si éminemment utile et nationale, soit sérieusement et généralement organisée ? Exiger enfin que cette inscription ait deux années de date, n'est-ce pas s'assurer que l'élection sera faite par des citoyens habitant réellement la commune

« Tout citoyen français remplissant les conditions
« ci-dessus pourra être nommé électeur de députés
« par ces assemblées.

« Néanmoins ne feront pas partie de ces assemblées
« et ne pourront être élus par elles, les citoyens déjà
« électeurs par le cens ou par la capacité, qui n'au-
« ront pas déclaré renoncer à exercer l'électorat à
« l'un de ces deux titres (1). »

§ VII.

RÉFORMES COMPLÉMENTAIRES. --- CENTRALISATION DU VOTE. — ÉLIGIBILITÉ.

Les bases de notre système électoral sont posées, et
le lecteur peut dès à présent en juger le mérite et en
calculer la portée. Cependant, si justes et si ration-

depuis assez long-tems pour connaître les hommes qu'ils in-
vestissent de leur confiance? Si cette dernière précaution
n'était pas prise, il serait facile souvent, et surtout dans les
grands centres industriels, de vicier l'élection des délégués en
introduisant tout à coup dans les assemblées communales, un
grand nombre d'individus momentanément attirés par le
besoin d'un parti ou d'une ambition particulière.

(1) Cette exception nous a semblé nécessaire pour laisser à
l'élément populaire toute sa pureté, pour le dégager autant
que possible de l'influence des deux autres élémens; pour ne
pas constituer enfin en faveur de ceux-ci une espèce de doubl
vote.

nelles qu'elles paraissent à nos yeux, elles seraient incomplètes, inefficaces même peut-être, si nous leur appliquions sans modification aucune les rouages de la législation actuelle. La loi de 1831 n'est pas seulement capricieuse et arbitraire dans son principe, elle l'est aussi dans presque tout son mécanisme. Après avoir choisi la richesse ou le cens comme seul signe de la capacité, elle établit encore des inégalités et des priviléges nouveaux entre les privilégiés ; elle attribue aux uns une plus grande somme de puissance électorale, par le seul fait qu'ils appartiennent à une circonscription administrative peu étendue et peu populeuse ; elle donne à quelques autres le droit exclusif d'arriver à la puissance parlementaire, non parce qu'ils sont plus méritans ou plus capables, mais uniquement parce qu'ils sont un peu plus riches.

Les vices et les dangers des circonscriptions électorales actuelles ne sont plus douteux pour personne ; et si quelqu'un pouvait encore les méconnaître, les chiffres présentés par la pétition du comité de la Seine suffiraient seuls pour lever tous les doutes (1). Nous ne nous occuperons donc pas d'une critique déjà faite, et bien faite ; nous tenons le mal pour très réel, et nous allons indiquer notre remède.

Les partisans d'une réforme paraissent d'accord aujourd'hui sur la nécessité d'attribuer à un collége unique la nomination de tous les députés du département,

---

(1) Voici à ce sujet les termes de cette pétition :

« Nous demandons la réforme de la loi de 1831, parce qu'elle a créé une circonscription spéciale qui fractionne à l'infini les colléges électoraux, qui constitue entre le plus grand

et de centraliser pour cela le vote au chef-lieu. Ce dernier moyen présente , à notre avis, de graves inconvéniens.

Il faut bien le dire , parce que l'expérience de tous les jours est là pour le prouver : les devoirs politiques ont besoin d'être faciles à exercer , si l'on veut qu'ils soient convenablement et généralement remplis. Aujourd'hui que l'électorat constitue une faveur, un privilège réservé à un très petit nombre de citoyens, et qu'il a par conséquent un plus grand prix aux yeux de ceux qui l'exercent , il faut souvent toute l'intrigue du gouvernement, toute l'activité des partis et des candidats , dans beaucoup de départemens , pour faire arriver en grand nombre les électeurs au chef-lieu d'arrondissement. Que sera-ce donc lorsque la faveur aura perdu une partie de son mérite par cela même qu'elle sera plus étendue , lorsque le corps électoral se composera en majorité de citoyens peu fortunés, retenus par des occupations de tous les jours, et pour lesquels un déplacement est une charge ? Evidemment, bien des électeurs indifférens reculeront devant la nécessité de faire vingt lieues et quelque fois plus ,

---

nombre une inégalité choquante (*) , qui donne aux intérêts locaux une prédominance exclusive sur les intérêts généraux, et qui enlève à l'élu le caractère de député du pays, du département ou même de l'arrondissement, pour en faire le représentant subalterne de quelques groupes d'électeurs. (**)»

(*) Vingt-six colléges ont plus de 1,000 électeurs, 35 plus de 800 , 57 en ont moins de 300, 20 moins de 200. A Paris, dans le deuxième arrondissement, 3,000 électeurs ne nomment qu'un député ; ailleurs, 150 électeurs nomment également un député.

(**) Il y a 459 colléges, et seulement 368 arrondissemens.

et laisseront ainsi le champ libre à ceux dont l'intérêt
et la passion stimuleront l'activité. Il pourrait même
arriver fort souvent que les arrondissemens éloignés
ne fournissant qu'un contingent d'électeurs très peu
nombreux , comparativement à l'arrondissement chef-
lieu, celui-ci se trouverait par le fait disposer souverainement de l'élection.

Cette dernière considération nous semble d'une
grave importance et devrait seule suffire pour condam-
ner la centralisation du vote. Ce n'est donc pas le vote,
mais seulement l'élection qu'il faut centraliser, et pour
cela il suffit de décider que les assemblées électorales
se réuniront dans chaque arrondissement ; mais qu'au
lieu de nommer un seul député , chacun de ces colléges d'arrondissement contribuera à nommer tous les
députés du département. Dans ce cas, le dépouille-
ment général des votes devrait être opéré au chef-
lieu du département.

Cette centralisation de l'élection aurait cependant
des inconvéniens dans les départemens trop populeux
ou trop étendus, comme ceux de la Seine ou du Nord,
et constituerait un privilège exorbitant en faveur
des électeurs de ces départemens , qui seraient ainsi
appelés à nommer un nombre de députés six ou huit
fois plus considérable que celui assigné aux départemens
les moins peuplés. Pour détruire autant que possible
cette différence, on pourrait diviser les colléges des départemens les plus populeux en deux ou trois grandes
sections nommant chacune ses députés, et décider, par
exemple, que cette division aurait lieu pour les départemens ayant plus de six cent mille ou de neuf cent
mille âmes de population. Ainsi , le département

de la Seine, qui a 1,150,728 habitans , et qui nommerait , selon nos calculs, vingt - trois députés , serait divisé en trois arrondissemens électoraux, choisissant chacun le nombre de députés déterminé par leur population respective. Le département du Nord , dont la population est de 1,132,980 habitans , et qui aurait aussi 23 députés, serait également divisé en trois arrondissemens électoraux.

Un système de centralisation ainsi modifié arriverait à guérir l'un des vices les plus monstrueux de la loi actuelle , en répartissant d'une manière aussi équitable que possible , entre les colléges comme entre les électeurs, la puissance électorale.

Mais si la centralisation de l'élection est une garantie efficace de l'indépendance et de la sincérité de l'électeur, la liberté du choix des candidats n'est pas une garantie moins grande de l'indépendance et de la capacité de l'élu. Si la condition du cens est absurde et contre le droit naturel , c'est surtout lorsqu'elle est imposée à celui qui doit représenter toute la nation, le pauvre comme le riche, l'ignorant comme le capable ; l'ignorant et le pauvre bien plus encore que les deux autres , car ils sont bien moins aptes à se défendre , à se protéger eux-mêmes.

Il faut donc, de toute justice, laisser au corps électoral le soin de choisir partout dans son sein ceux auxquels il veut accorder sa confiance; il faut, en un mot, que *tout électeur soit éligible*, lorsqu'il a atteint l'âge de trente ans fixé par la Charte constitutionnelle.

§ VIII.

INDEMNITÉ AUX DÉPUTÉS. — EXCLUSION DES FONCTION-TIONNAIRES PUBLICS. — NOMBRE DES REPRÉSENTANS.

A mesure que nous arrivons aux améliorations de détail, notre tâche devient beaucoup plus facile. Non-seulement la critique de ce qui existe n'est plus à faire, mais le remède se présente tout naturellement de lui-même. L'abolition du cens d'éligibilité nous conduit à demander l'indemnité pour les élus, et cette indemnité elle-même nous amène à consacrer en principe l'incompatibilité des fonctions publiques salariées avec le mandat de député.

Dans un système électoral qui accorde l'éligibilité à tous les électeurs, l'indemnité devient une nécessité. Tous les réformistes sont d'accord sur ce point; nous n'avons donc pas à en faire ressortir les avantages.

Cette unanimité est peut-être plus douteuse lorsqu'il s'agit de l'exclusion absolue des fonctionnaires publics, et jusqu'à présent les plus radicaux se sont même bornés, dans les projets déjà élaborés, à établir des catégories d'incompatibilités, laissant ainsi subsister la règle qui admet les fonctionnaires.

A notre avis, c'est tout le contraire qu'il faut faire, car il y a certainement beaucoup moins à craindre de l'exclusion absolue que de l'admission illimitée. La Charte de 1830, en établissant une exception en faveur des ministres du roi, semble du reste avoir voulu tracer elle-même la marche à suivre. De même que les ministres, c'est seulement par exception indiquée dans la loi que certains fonctionnaires publics doivent être admis à faire partie de la représentation nationale.

Il nous reste maintenant, pour compléter notre système, à indiquer la base qui doit présider à la répartition des députés entre les départemens.

Ici se présente un préjugé déjà mis en avant lors de la discussion de la loi de 1831. Nous voulons, comme quelques-uns de ceux qui prirent part à cette discussion, déterminer le nombre des députés d'après le chiffre de population des départemens qui les nomment. Pour combattre cette base, on a prétendu que la chambre devant être la représentation aussi égale que possible de tous les intérêts du pays, une loi qui prendrait la population pour règle du nombre des représentans favoriserait les grandes villes au détriment des petites, les grands centres industriels au détriment de l'agriculture et des petites industries locales.

Ces motifs, acceptables peut-être pour le passé, ne le sont déjà plus aujourd'hui. Plus nous marchons en avant, et plus nous comprenons que tous les intérêts nationaux sont solidaires et ont besoin de se soutenir les uns les autres. Loin de favoriser et de perpétuer leur rivalité, plutôt factice que réelle, la loi électorale doit tendre au contraire à les unir, à les harmoniser ; et elle ne le peut qu'en se dégageant des préjugés de localités qui s'opposent encore à ce but, et en établissant clairement que les députés ne sont pas les représentans des intérêts locaux ou individuels, mais avant tout les représentans de la France.

On pourrait, il est vrai, adopter pour les députés le système que nous avons établi pour les électeurs, et décider qu'ils devraient être choisis, partie parmi les censitaires à 200 fr., partie parmi les capacités, et partie parmi les électeurs délégués par les assemblées communales ; mais ce mode de procéder aurait de graves dangers, en ce qu'il ferait naître presque inévitablement la rivalité et la méfiance entre les trois catégories d'électeurs, et qu'il rétablirait en quelque sorte dans la chambre l'existence des trois états.

La population prise pour base du nombre des députés est, à notre avis, le seul moyen d'éviter ces divisions, d'arriver à une répartition équitable entre les départemens, et d'obtenir une représentation véritablement nationale. Nous compléterons donc notre projet par la formule suivante :

« Les colléges électoraux départementaux nomme-
» ront un député par cinquante mille âmes de la po-
» pulation totale du département. »

§ IX.

BASES DU PROJET.

Pour faciliter l'étude de notre système, nous croyons devoir maintenant le remettre dans son ensemble sous les yeux de nos lecteurs :

ARTICLE 1er. Tout citoyen français, jouissant de ses droits civils, âgé de vingt-cinq ans révolus, est électeur, s'il remplit l'une des trois conditions suivantes :

1º. S'il paie 200 francs de contributions directes ;

2º. S'il a été reçu bachelier ès-lettres dans une des académies du royaume ;

2º. S'il a été choisi et délégué par une assemblée ou section d'assemblée composée des citoyens de la commune qu'il habite.

Art. 2. Les assemblées communales choisirons dans leur sein un électeur par 100 âmes de la population totale de la commune.

Art. 3. Pour faire partie de ces assemblées, il suffira de jouir de ses droits civils ; d'être âgé de 25 ans révolus, de savoir lire et écrire, et d'être inscrit depuis deux ans au moins sur les contrôles de la garde nationale de la commune.

Art. 4. Ne feront pas partie de ces assemblées et ne pourront être élus par elles les citoyens déjà électeurs par le cens ou par la capacité, qui n'auront pas déclaré d'avance renoncer à exercer l'électorat à l'un de ces deux titres.

Art. 5. Tout électeur âgé de 30 ans révolus est éligible.

Art. 6. Néanmoins, ne pourront être nommés députés les fonctionnaires publics salariés par l'Etat, autres que ceux compris dans les exceptions portées par la Charte et par la présente loi.

Art. 7. Tout député qui acceptera des fonctions publiques incompatibles avec son mandat cessera immédiatement de faire partie de la chambre.

Art. 8. Une indemnité déterminée par la loi sera allouée aux députés pendant toute la durée de leur mandat.

Art. 9. Les députés fonctionnaires salariés par l'Etat ne pourront cumuler cette indemnité avec leur traitement.

Art. 10. Le nombre des membres de la chambre

des députés est déterminé par le chiffre de la population totale de chaque département.

Art. 11. Il sera nommé un député par cinquante mille âmes de population. Les fractions au-dessus de vingt-cinq mille compteront comme cinquante mille (1).

Art. 12. Il n'y aura qu'un seul collége électoral par chaque département. Ce collége élira tous les députés attribués au département par le chiffre de sa population.

Néanmoins, les départemens dont la population excédera six cent mille âmes seront divisés en deux colléges électoraux nommant chacun leurs députés particuliers. Les départemens dont la population excédera neuf cent mille âmes seront divisés en trois colléges.

Art. 13. Les colléges électoraux seront divisés en autant de sections principales qu'il y aura d'arrondissemens administratifs dans le département. Ces sections se réuniront pour voter au chef-lieu de leur arrondissement respectif.

Art. 14. Les votes émis par les sections seront réunis et dépouillés au chef-lieu du département, dans un délai et avec des formalités déterminées par la loi.

---

§ X.

APPLICATION DU SYSTÈME AUX DOCTRINES DE L'OPPOSITION MODÉRÉE.

Le jour où les diverses fractions de l'opposition se sont réunies sous le drapeau de la réforme électorale,

---

(1) Cette base donnerait 682 députés pour toute la France.

elles ont voulu, sans nul doute , chercher pacifiquement et loyalement ensemble un moyen de sortir de
l'impasse dangereuse dans laquelle nous ont placé les
fautes du gouvernement et les vices de la loi électorale
de 1831.

Lorsqu'elles ont pris pour expression de leurs
plaintes communes la pétition formulée par le comité
des électeurs de la Seine , elles se sont par cela même
montré disposées à favoriser le système électoral qui
répondrait le mieux à ces plaintes, en corrigeant les
abus les plus monstrueux, et en donnant quelque satisfaction à toutes les espérances légitimes.

Le projet que nous venons de formuler arrivera-t-il
à ces résultats ? Nous n'osons l'espérer ; et cependant,
tout en reconnaissant qu'il manque de cet ensemble ,
de cette perfection nécessaires à toute bonne loi, et que
pourra seul lui donner le concours de hautes intelligences , nous sommes intimement convaincu qu'il ren-
ferme dans son principe le germe des qualités qui
peuvent en faire un élément de conciliation et de progrès.

Essayons de le démontrer en quelques mots :

Une réforme électorale d'union et de transition ne
peut être qu'une réforme élastique , améliorant le présent et préparant l'avenir ; mais, si mobile et si mal-
léable qu'elle soit dans ses détails, il faut qu'à l'inverse
de la loi de 1831 , et pour être plus viable qu'elle , il
faut, disons-nous , qu'elle repose sur des bases régu-
lières, logiques , élastiques et progressives aussi, mais
sans cesser jamais de représenter les droits et les intérêts de la société , qu'elle doit suivre et satisfaire toujours dans ses diverses transformations. Il faut enfin

que, fortifiant la constitution sur laquelle elle est fondée, elle représente et consacre, selon les mœurs et les temps, le principe imprescriptible de la souveraineté nationale.

A ces conditions, tous les partis peuvent l'admettre comme base et point de départ, sauf à l'élargir ou à la restreindre, selon qu'elle semblera aux uns ou aux autres trop ou pas assez libérale.

Vainement essayerait-on de trouver ce point de départ commun dans la loi de 1831. Ceux qui veulent améliorer cette loi par l'adjonction des capacités, par l'abaissement du cens, reconnaissent par cela même qu'elle manque complètement du seul élément qui puisse en faire une œuvre d'avenir, du principe démocratique. Abaisser le cens, c'est étendre le privilège de la richesse ; admettre des catégories de capacités, c'est créer un privilège pour certaines intelligences ; mais ce n'est pas reconnaître le véritable fondement de la constitution, celui sur lequel repose, à des degrés différens, toute la doctrine de l'opposition. Or, lorsqu'on fait un pacte d'alliance, la première condition est de satisfaire tous les alliés, surtout lorsqu'on le peut sans manquer aux règles de la plus excessive prudence.

Tel est le but de notre système ; et pourtant si l'on veut le considérer et l'admettre dans ses conséquences les plus étroites, c'est à peine si on en retirera le nombre d'électeurs promis par l'adjonction des catégories de capacités, par l'adjonction et la large extension de la seconde liste du jury. Mais si l'on n'a pas tout d'abord un corps électoral plus nombreux, on aura au moins un corps électoral dérivant de principes plus justes, se développant sur des règles bien définies, et amenant à l'état pratique une théorie de droit naturel, que la loi actuelle, si améliorée qu'elle soit, ne peut jamais faire figurer que pour mémoire parmi les élémens du gouvernement représentatif.

— Mais, nous diront peut-être les plus timides, n'est-il pas dangereux d'admettre dès à présent, même indirectement et sous certaines réserves, les masses à la vie politique ? — Pour peu qu'on veuille bien y réfléchir, cette crainte ne peut être prise au sérieux. Un rapprochement le fera facilement comprendre :

Si l'on reconnaît aujourd'hui la nécessité d'élargir les cadres pour les élections de députés, il faut admettre aussi, comme conséquence nécessaire, qu'on élargira de beaucoup les cadres pour les élections municipales, et qu'on appellera un plus grand nombre de citoyens à choisir les administrateurs des intérêts communaux. Eh bien, supposons que les électeurs municipaux, ainsi doublés ou triplés, soient chargés en même tems de désigner des délégués ou électeurs de députés, croit-on que le danger sera beaucoup plus sérieux, et qu'on aura commis une grande faute en donnant à ces électeurs une mission politique et nationale plus facile à remplir que leur mission communale ? Pense-t-on, enfin, que, dans une élection de délégués, les intérêts individuels et locaux seront plus vivement surexcités que dans une élection de conseillers municipaux ? Cela n'est pas admissible.

Pour les difficultés pratiques, toute notre innovation, considérée de près, se réduit pourtant à ceci : confier aux citoyens qui devront nommer les conseillers municipaux le soin de choisir des délégués chargés, non pas de nommer seuls et souverainement, mais de contribuer pour une part à la nomination des députés.

Evidemment, il n'y a là rien de révolutionnaire , et les plus craintifs parmi les réformistes peuvent parfaitement adopter une pareille base.

§ XI.

APPLICATION DU SYSTÈME AUX DOCTRINES DE L'OPPOSITIO N RADICALE.

Voyons maintenant si nos principes ne sont pas tout aussi acceptables par l'opposition radicale de gauche et de droite.

Le mouvement réformiste qui vient de s'opérer en France a eu surtout cela d'utile qu'il a déterminé nettement la profession de foi de chaque parti. A part une imperceptible minorité, tous les hommes d'opposition ont positivement déclaré que s'ils n'étaient pas d'accord sur le but , ils l'étaient au moins sur les moyens, et que tous sans exception voulaient arriver à la réforme électorale par des voies légales et pacifiques. Or, bien que quelques-uns d'entreux jugent l'éducation politique de la nation assez mûre pour le suffrage universel absolu , ils ne se font pas illusion sur la difficulté d'arriver immédiatement à ce résultat, et consentent généreusement et sagement à suivre la marche naturelle du progrès, sauf à la hâter par tous les moyens pacifiques possibles.

Les radicaux accepteraient donc dès aujourd'hui un système de transition , et cela est si vrai que, faute de mieux, ils paraissent disposés à appuyer comme tel l'abaissement du cens et l'adjonction des catégories de capacités , améliorations qui, pourtant, comme nous l'avons déjà dit , méconnaissent presque autant que la loi actuelle le principe de la souveraineté nationale.

A plus forte raison doivent-ils se rallier à un système qui , sans promettre immédiatement des résultats plus larges que celui de la gauche libérale , c'est-à-dire sans accroître beaucoup plus le nombre des électeurs , a cependant sur lui l'avantage immense d'appeler le peuple à l'exercice, ou , si l'on veut , à l'apprentissage de ses droits politiques.

Quelques radicaux nous objecteront peut-être qu'en reconnaissant dès à présent à la richesse et à la capacité des droits égaux , supérieurs même en apparence à ceux de la nation tout entière , ils laissent par cela même entamer leurs doctrines, et en compromettent l'avenir par cette concession. Tel ne peut être le résultat de leur concours. Nous établissons , nous, hommes de la gauche , que l'intelligence et la propriété ont , dans notre état social , des droits sacrés à l'électorat ; mais nous sommes loin de demander à tous les radicaux la même profession de foi (1). Ils accepteraient

---

(1) Et pourtant l'un des représentans les plus éminens de ce parti, M. Marie, n'a pas reculé devant cette nécessité de notre ordre social, en proclamant également sacrés et respectables, les droits politiques fondés sur l'*intelligence*, *le travail et la fortune*. Pendant que nous formulions notre système dans le *Courrier du Nord*, l'honorable dèputé de Paris nous

aujourd'hui un abaissement du cens comme réforme transitoire, sans reconnaître pour cela la légitimité des censitaires ; par la même raison ils toléreront nos censitaires et nos capacitaires, comme des privilégiés qu'il est prudent et raisonnable de protéger, ou, si l'on veut, de subir aujourd'hui.

Mais il y aura dans notre système cet avantage pour les radicaux, que leurs principes démocratiques recevront un commencement d'exécution, tandis qu'avec l'abaissement du cens, la nation ne prendrait pas part directement et légitimement à la vie politique, et qu'elle

---

venait en aide et fortifiait sans le savoir notre conviction en prononçant au banquet réformiste de Saint-Denis les paroles suivantes :

« A la réforme électorale et parlementaire ! (Approbation).

« A cette *amie de la maison* à laquelle nous avons été fidèles jusqu'ici, et à laquelle nous resterons toujours fidèles... (Oui, oui !) Au triomphe de cette grande cause, qui, s'il se réalise, selon nos vœux et selon nos prévisions, ramènera enfin la vérité dans nos institutions nationales, et *placera sur le même rang, en leur assurant les mêmes droits politiques,* L'INTELLIGENCE, LE TRAVAIL ET LA FORTUNE, *toutes conditions qui présentent au même degré des garanties d'indépendance et de probité.* (Très bien ! très bien !) ....

« Donc, à la réforme électorale et parlementaire, mais à la réforme vraie, large, complète. Je comprends qu'on ne puisse pas du premier bond arriver à l'absolu en pareille matière ; mais ce que nous voulons, au moins, c'est une réforme qui soit de nature à répondre au grand principe de la souveraineté nationale, sous l'invocation duquel sont placées toutes nos manifestations. Voici notre vœu, notre espérance. (Bravos prolongés.)

aussi, le cens fût-il abaissé à la valeur d'une journée de travail, ne fonctionnerait en réalité que comme censitaire.

Nous abusons peut-être un peu des mots en faisant ce rapprochement ; mais, il faut bien le reconnaître, les mots sont aussi pour beaucoup dans les doctrines politiques, et tel ne veut pas d'une monarchie entourée d'institutions républicaines qui ne voudrait pas non plus d'une démocratie basée sur un corps électoral composé de censitaires.

Nous voulons donc, parce que nous le pouvons sans danger, accorder à la fois la *chose* et le *mot* aux radicaux ; l'un et l'autre sur une petite échelle sans doute ; mais sur une échelle qu'ils pourront toujours allonger, si la nation le désire avec eux.

En effet, supposons que notre système, établi dès demain, constate nettement les avantages du suffrage universel ; que les électeurs nommés par les assemblées communales remplissent leur mandat avec discernement et indépendance ; qu'il y ait dans leurs rangs (et cela serait facile à constater) beaucoup plus de loyauté, d'impartialité, de zèle, que chez les électeurs censitaires. Mais alors, est-ce que la cause de la souveraineté nationale ne serait pas gagnée ; est-ce que le pouvoir ne serait pas amené, volontairement ou forcément, à donner aux assemblées primaires une plus grande part de la puissance élective, sinon cette puissance tout entière ?

Sans doute, le contraire peut arriver ; mais nous ne l'admettons pas, et les radicaux bien moins que nous. Il n'y a donc pour eux comme pour nous que deux chances à courir : celle par laquelle le concours des trois ordres d'électeurs donnerait une représentation vraiment libre et nationale, et alors on s'arrêterait tout naturellement à notre système ; ou celle qui donnerait un avantage marqué à l'élément populaire, et alors cet élément triompherait non - seulement par la volonté des radicaux, mais aussi avec le concours de toutes les doctrines libérales, qui seraient insensiblement devenues radicales.

Ce résultat peut arriver d'un seul coup, sans modification transitoire et après une expérience de quelques années ; il peut aussi, grâce à l'élasticité de notre système, arriver graduellement et après des épreuves successives.

Ainsi, on pourra abaisser le cens et accroître considérablement le nombre des électeurs censitaires ;

On pourra faire descendre le signe de la capacité jusqu'aux diplômés du premier ou du deuxième degré d'instruction primaire, par exemple, et augmenter ainsi le nombre des capacitaires ;

On pourra enfin accroître le nombre des électeurs délégués, en décidant qu'il en sera choisi deux au lieu d'un sur cent âmes de population, et augmenter ainsi dans l'élection l'influence des assemblées primaires.

Ces diverses améliorations pourraient avoir lieu simultanément, de telle sorte que, soit à un titre, soit à l'autre, une grande partie de la nation arriverait à exercer directement l'électorat, et, en faisant dominer dans le parlement les hommes à doctrines démocratiques, finirait ainsi par faire consacrer complétement le principe de la souveraineté nationale.

§ XII.

APPLICATION DU SYSTÈME AUX PRINCIPES GÉNÉRAUX DE L'OPPOSITION.

La pétition pour la réforme électorale et parlementaire signée dans tous les banquets réformistes est aujourd'hui l'expression officielle de la pensée des oppositions réunies. Mais cette pensée commune, si vraie et si nettement posée qu'elle soit, n'est, après tout, qu'une critique du présent, qu'une formule d'espérance pour l'avenir ; critique, espérance qui courraient grand risque de succomber sous l'indifférence et le dédain, si elles s'appuyaient sérieusement et uniquement sur le vœu qui termine la pétition et qui semble vouloir laisser à la législature actuelle le soin de réaliser *les réformes qu'exigent impérieusement la justice, la morale, la vérité du gouvernement représentatif.*

Évidemment, les auteurs de la pétition, comme tous les citoyens qui l'ont signée, n'ont pu se reposer sur un pareil juge du succès de leur cause. Si près qu'elle soit de son heure dernière, la majorité *satisfaite* n'aura garde de donner au monde le spectacle d'une aussi glorieuse conversion ; et si l'instinct de sa conservation lui impose avant peu un retour sur elle-même, l'adjonction de quelques capacités d'une indépendance problématique, le sacrifice d'une demi-douzaine de fonctionnaires publics formeront, tout au plus le bagage réformiste de son radicalisme *in extremis*.

L'opposition, en publiant son programme, s'est donc adressée au public bien plus qu'à la chambre ; elle a demandé à l'opinion non - seulement l'approbation de ses critiques, mais aussi le remède qu'appellent ses espérances. Nous avons voulu, pour notre faible part, essayer de répondre à ce dernier appel. Un rapprochement entre les termes de la pétition et l'esprit de notre système prouvera jusqu'à quel point nous pouvons espérer d'avoir atteint ce but si utile.

La pétition demande la réforme de la loi du 19 août 1831, dans ses dispositions électorales et parlementaires :

« Parce qu'une expérience de seize années, les preuves de six élections générales en ont surabondamment démontré les imperfections, les vices, l'impuissance ;

« Parce qu'elle ne s'appuie sur aucun principe, qu'elle les viole tous ;

« Parce qu'elle n'a de base suffisamment rationnelle ni sur la population (1), ni sur le territoire (2), ni sur la propriété (3),

---

(1) Dix colléges ont en moyenne une population de 257,012 habitans, tandis que dix autres collèges ont une population de 1,591,065 habitans. Chaque député des premiers représente 25,701 habitans, chaque député des seconds en représente 159,106. Le troisième collége du département du Nord a une population de 226,012, autant que neuf autres colléges réunis.

(2) L'étendue des territoires représentés est très variée, très différente.

(3) Ici, un collége représente des millions de revenu ; là, à peine la vingtième partie.

ni sur les contributions (1), ni sur l'aptitude politique (2), ni sur la capacité intellectuelle (3).

— En démontrant surabondamment les vices et l'impuissance de la loi actuelle, l'expérience a prouvé que cette loi devait être non pas seulement restaurée et modifiée, mais complétement remplacée par une loi nouvelle. C'est ce que nous proposons de faire.

La loi actuelle ne s'appuie sur aucun principe ; nous en posons trois, également rationnels, également respectables : la *population*, fournissant des électeurs dans une proportion large et équitablement réglée ; la *capacité*, nettement définie par un signe officiel et uniforme ; la *fortune*, participant à l'électorat comme représentant les droits de la propriété, et non plus comme représentant exclusivement et arbitrairement la capacité politique.

La pétition repousse encore la loi de 1831 :

« Parce qu'elle est contraire au principe même du gouvernement représentatif qui veut que la majorité des députés

____

(1) Cinq départemens, la Corse, les Hautes-Alpes, les Basses-Alpes, la Lozère et la Creuze, nommant ensemble 14 députés, paient 6,142,630 fr. de contributions directes, soit 438,759 fr. pour un député, tandis qu'un département, la Seine, nommant aussi 14 députés, paie 31,096,088 fr., soit 2,221,149 fr. pour un député.

(2) Dans quels que termes que l'on définisse l'aptitude politique, le cens contributif ne peut en être le signe complet et exclusif.

(3) Les citoyens jugés *capables* de décider de la liberté et de la vie des individus, sont jugés par la loi de 1831 *incapables* de concourir à l'élection d'un député. — Les membres de l'Institut doivent payer 100 fr. de contributions directes.

soit le produit de la majorité des électeurs (1), et que la majorité des électeurs soit l'expression de la majorité des citoyens;

« Parce qu'elle a créé une circonscription spéciale qui fractionne à l'infini les colléges électoraux, qui constitue entre le plus grand nombre une inégalité choquante (2), qui donne aux intérêts locaux une prédominance exclusive sur les intérêts généraux, et qui enlève à l'élu le caractère de député du pays, du département (ou même de l'arrondissement), pour en faire le représentant subalterne de quelques groupes d'électeurs (3);

« Parce qu'elle fait des petits colléges autant de bourg-pourris toujours à la disposition d'un fonctionnaire en crédit, d'une famille bien placée ou d'un gros capitaliste : là l'électorat n'est plus un mandat politique, le premier de tous, que l'électeur, au jour donné, accomplit selon ses convictions, mais un titre permanent, une fonction privilégiée, dont il croit pouvoir, sans déshonneur, tirer un profit personnel;

« Parce qu'elle tend à reconstituer, ainsi que l'a dit un ministre de la révolution de juillet : (4) une aristocratie intrigante et besoigneuse.

---

(1) Sur 241,000 électeurs inscrits, 102,000 c'est-à-dire la minorité, nomment 282 députés, plus des 3|5 de la chambre, tandis que 139,000 électeurs, c'est-à-dire la majorité, nomment seulement 177 députés, moins des 2|5.

(2) Vingt-six collèges ont plus de 1,000 électeurs, 35 plus de 800, 57 en ont moins de 300, 20 moins de 200. A Paris, dans le deuxième arrondissement, 3,000 électeurs ne nomment qu'un député; ailleurs, 150 électeurs nomment également un député.

(3) Il y a 459 colléges, et seulement 363 arrondissemens. — Pour donner à la chambre élective un caractère plus national, la révolution de 1830 avait effacé de la Charte de 1814 ces mots : *députés des départemens.* La loi de 1831 a *localisé* la représentation plus encore que ne le faisait la Charte de 1814.

(4) M. Dufaure.

— Tous ces maux, si nombreux et si déplorables, dérivent de la même source : du manque absolu de principes fixes et justes. La centralisation de l'élection et la détermination du nombre des députés par la population rétabliront le droit et la force des majorités légitimes ; la centralisation de l'élection et le fractionnement par exception des départemens les plus populeux, détruiront, autant que le permettent nos circonscriptions départementales, l'inégalité entre les colléges, feront cesser la prédominance des intérêts locaux, anéantiront les bourgs-pourris, et, joints à l'augmentation du nombre des électeurs, rendront impossible pour l'avenir la constitution de l'*aristocratie besoigneuse*.

« La loi actuelle, ajoute la pétition, méconnaît le principe de l'égalité des droits entre les citoyens ; elle viole le principe de l'égalité des droits même entre les électeurs (1).

— Notre système consacre l'égalité des droits entre les citoyens, en donnant à ces droits de diverses natures toute la satisfaction que permettent notre état social et notre éducation politique. Il laisse le champ libre pour l'avenir à une satisfaction beaucoup plus complète. Avec lui les questions les plus grandes et les plus délicates ne sont plus à résoudre, mais à développer, à mettre progressivement en pratique.

---

(1) Dix colléges réunis comprennent 16,142 électeurs, dix autres n'en comprénnent que 1,553. Dans les premiers le droit de l'électeur est comme 1 à 1,614; dans les seconds, comme 1 à 155. Un suffrage dans les uns équivaut à dix suffrages et demi dans les autres. Aux points extrêmes, 20 électeurs du deuxième arrondissement de Paris, ne valent qu'un électeur de Bourganeuf ou de Sainte-Claude.

« La loi actuelle ne protège pas suffisamment la grandeur et la liberté des élections, qui, presque partout, présentent le scandaleux spectacle d'intrigues misérables, de petites passions, de luttes personnelles, où l'intérêt national seul est exclu.

— Le remède à ces maux se trouve non-seulement dans l'augmentation du nombre des électeurs et dans la centralisation de l'élection, mais encore dans l'existence de trois catégories d'électeurs. Les luttes d'émulation patriotique absorberont et remplaceront les intrigues misérables et les petites passions.

« La loi actuelle a éteint le mouvement politique, qui est la vie même des gouvernemens constitutionnels.

— L'émulation que nous venons d'opposer à l'intrigue doit être aussi un des plus précieux alimens de la vie politique. Les assemblée primaires, en appelant un grand nombre de citoyens à cette nouvelle vie, contribueront aussi à la rendre plus active et plus bienfaisante dans le corps électoral comme dans toute la nation.

« En renfermant dans d'étroites limites la liberté du choix des électeurs par le cens d'éligibilité et la gratuité du mandat, la loi de 1831 favorise l'envahissement de la chambre par les fonctionnaires publics salariés (1) ; frappant ainsi du même coup la hiérarchie administrative et l'indépendance de la représentation, et substituant à l'action constitutionnelle du gouvernement parlementaire l'influence illégale du gouvernement personnel.

— Notre système répond à ce grief en posant com-

____

(1) En 1832, le nombre des députés fonctionnaires, s'élevait à 139 ; en 1842, 167 ; en 1846, à 184 ; aujourd'hui, il s'élève à plus de 200.

me règle l'incompatibilité des fonctions publiques salariées avec le mandat de député.

« La loi actuelle restreint le nombre des députés et celui des
électeurs à un chiffre qui n'est pas en rapport avec la population.

— Dans les limites que nous lui avons provisoire-
ment posées, notre système triplerait au moins le
nombre des électeurs et augmenterait de plus d'un
tiers le nombre des députés.

« La loi actuelle ouvre une large porte à toutes les corrup-
tions.

— L'augmentation du nombre des électeurs et des
députés, la centralisation de l'élection, la variété
même des élémens qui composeraient le corps électoral, rendraient la corruption très difficile, sinon tout-
à-fait impossible.

« Enfin, dit en terminant la pétition, la nation ne saurait
trouver dans le corps électoral, tel qu'il est aujourd'hui
constitué, l'expression exacte, l'image fidèle, la représentation
sincère de ses opinions, de ses intérêts, de ses droits. »

— Dans un corps électoral formé sur les bases que
nous avons proposées, tous les intérêts, tous les droits
politiques, primordiaux ou sociaux, étant reconnus et
représentés, ce corps électoral deviendrait réellement,
par la diversité même de ses élémens, l'expression
exacte et sincère de l'opinion publique.

—

Tels sont les vices de la loi électorale actuelle signa-
lés par la pétition des oppositions réformistes ; tels
sont les remèdes que nous avons voulu opposer à ces

vices. Nous avons dans la bonté de notre système la confiance que donne la bonne intention, aidée par une assez longue expérience des hommes et des choses. Cette confiance s'égare peut-être; mais si, tout en rejetant notre travail, le parti réformiste y trouvait seulement une parcelle du remède qu'il cherche, un germe de l'idée libérale et démocratique qui doit faire dans l'avenir son union et sa force, notre succès serait assez grand, notre récompense assez belle.

CONCLUSION.

Aujourd'hui la réforme par l'union ; demain l'union par la réforme ! voilà résumés en quelques mots les devoirs des hommes d'opposition, le salut et l'avenir de la France.

La réforme par l'union ! telle est l'œuvre du moment, la tâche de tous les jours, l'idée fixe de tout citoyen qui ne veut ni le despotisme, ni l'anarchie ; qui ne veut ni d'une borne pour blason, ni d'un échaffaud pour tribune.

Soyons unis pour flétrir et détruire le mal ; mais soyons unis aussi pour chercher et édifier le bien. Si l'opposition se divisait de nouveau, si d'accord sur les principes, elle ne pouvait l'être ni sur les moyens, ni sur le but ! malheur ! malheur ! car la réforme deviendrait impossible.

Et si cette impossibilité était ouvertement constatée; si le pays, après avoir combattu pacifiquement avec les armes de la raison et de la vérité, voit ses armes brisées devant une résistance déloyale ; si, comme le lutteur vaincu et blessé traitreusement, il se relève, rouge de colère et de honte, et court chercher dans l'arène la première pierre, la première arme venue, oh ! malheur ! malheur ! car l'heure de la révolution violente aura sonné ; et Dieu sait ce que serait la colère du pays après la compression la plus odieuse des plus légitimes espérances, après une déception grosse d'humiliations et longue de dix-sept années !

Serrez donc plus que jamais vos rangs, réformistes de tous les partis. Vous avez déjà trouvé le lien qui rapproche, cherchez maintenant le lien qui attache ; cherchez ensemble, activement, sans relâche ; que chacun des soldats de la grande opposition vienne fournir son anneau à cette chaîne de noble et patriotique fraternité ; que chacun d'eux apporte sa fascine au retranchement qui doit fortifier tout le camp ; que le mot *réforme* enfin n'indique plus seulement une critique sévère et juste du présent, mais un acte authentique et sérieux pour l'avenir, une charte sagement démocratique, formulée au nom de tous et destinée à rendre enfin la vérité et la vie aux institutions de 1830 !

Démocrates radicaux ! vous qui voulez ardemment le triomphe complet de la souveraineté nationale ; mais qui le voulez progressivement et sans secousse, à l'œuvre ! l'heure et venue d'entamer le grand problème de l'égalité politique, en préludant à la fraternité universelle par la fraternité de tous les réformistes.

Démocrates libéraux ! vous qui trouvez dans nos institutions monarchiques tous les élémens nécessaires au bonheur de la nation ; mais qui n'avez jamais songé à fermer les portes de l'avenir, à l'œuvre ! car c'est de vous surtout, qui tendez la main à tous les camps, que doit maintenant venir la lumière.

Constitutionnels modérés, conservateurs loyaux et progressistes, qui, malgré l'hésitation de vos doctrines, n'avez pas craint de prendre la main à ceux qui marchent en avant, à l'œuvre aussi ! et que vos instincts conservateurs viennent peser utilement dans cette balance de la réforme électorale.

Le tems n'est plus, pour l'opposition, des réformes insignifiantes et sans portée ; le tems n'est pas venu des réformes radicales et absolues. Place aux réformes sérieuses et possibles d'union et de transition ; place à tout ce qui peut donner la force pour le présent, l'espérance pour l'avenir !

Lequel d'entre vous, devant ces grandes nécessités de la réforme, le bonheur et le salut de la nation, ne consentirait pas aujourd'hui à oublier un peu tout ce qui jusqu'à présent a brouillé ou affaibli l'opposition : l'hésitation chez les uns, l'ardeur trop bouillante chez les autres ; les idées systématiques et obstinément arrêtées ; les querelles incessantes sur les hommes et sur les doctrines ? Lequel d'entre vous, hommes du parlement ou de la presse, n'oublierait pas tous ces ferments de discorde, pour aller s'asseoir fraternellement, non plus seulement à un banquet, mais à un CONGRÈS RÉFORMISTE, où serait enfin réglée, au nom de l'opposition nationale, cette grande question de la réforme électorale, qui doit décider des destinées de la France ?

Un CONGRÈS RÉFORMISTE, composé de toutes les notabilités politiques qui ont assisté ou adhéré aux banquets ; dans lequel on n'entrerait qu'après avoir déposé à la porte tout système absolu, toute idée exclusive, voilà peut-être le seul moyen d'arriver à l'unité de vues et de fonder l'avenir.

Car si les forces s'éparpillent de nouveau ; si après s'être serré la main, on s'en va chacun chez soi reprendre ses anciennes allures, se renfermer dans ses propres doctrines, et recommencer la vieille polémique, adieu l'union, adieu la réforme !

Trève donc aux querelles sur les personnes, aux préoccupations de parti, aux généreuses et brillantes théories qui planent vagues et indécises sur un présent qui ne peut les saisir.

Ecrivains et députés, qui avez usé dix-sept années à vous mesurer de l'œil, à vous soupçonner, à vous déconsidérer même par de mutuels et incessans reproches, quels pas vos luttes intestines ont-elles fait faire à la politique, à la réforme ? Aucun ! Le pouvoir seul a vécu sur vos désunions, et le découragement public y a puisé un aliment déplorable.

Théoriciens généreux, qui avez dépensé votre science et vos veilles à la recherche des destinées de l'humanité, quel mal avez-vous guéri pour le présent dans notre triste société ? Aucun ! Le pouvoir, heureux de vous voir occupés si loin, a travaillé pendant ce tems à se fortifier dans la corruption et l'égoïsme, reculant facilement ainsi le but humanitaire vers lequel vous tendez.

Intelligences sublimes, qui allez vous égarant sans cesse au milieu des nuages, jetant aux échos étonnés vos roulades magnifiques, mais insaisissables ; vos gazouillemens ineffables que nul être humain n'a pu noter, quelle doctrine pratique ont fondé vos profondes et mystérieuses aspirations ? Aucune ! Et tandis que vous lanciez ainsi infructueusement vers les cieux vos poétiques harmonies et vos saintes espérances, le pouvoir , absorbé par son honteux matérialisme, inoculait à la nation la soif de l'or et le mépris de la probité publique.

Oh ! vous tous , hommes de courage et de cœur, hommes de talent et de génie , laissez , laissez un peu ces préoccupations qui isolent et affaiblissent. Le tems viendra où, dégagés des soins du salut commun , vous pourrez revenir sans danger à vos doctrines généreuses, à vos nobles théories. Mais aujourd'hui, le mal qui ronge le corps social demande un effort général , énergique. Il faut que tous, libéraux , socialistes , radicaux , légitimistes , poussent le même cri , prennent les mêmes armes, formulent la même doctrine ; il faut enfin qu'au-dessous de ces mots d'*union* et de *réforme* placés aujourd'hui sur le drapeau de toute l'opposition, le pays puisse lire aussi le pacte qui doit cimenter cette union et donner une première vie à cette réforme.

C'est dans un congrès réformiste , c'est par le concours de toutes les intelligences du parti que ce pacte sera fait et proclamé. A l'œuvre donc, hommes d'opposition, et puisse le projet que nous soumettons aujourd'hui à votre examen porter une modeste pierre au grand édifice de réforme électorale et parlementaire que vous êtes appelés à construire !

Table des matières.